AF228657

El tosco torno

Julie Murray

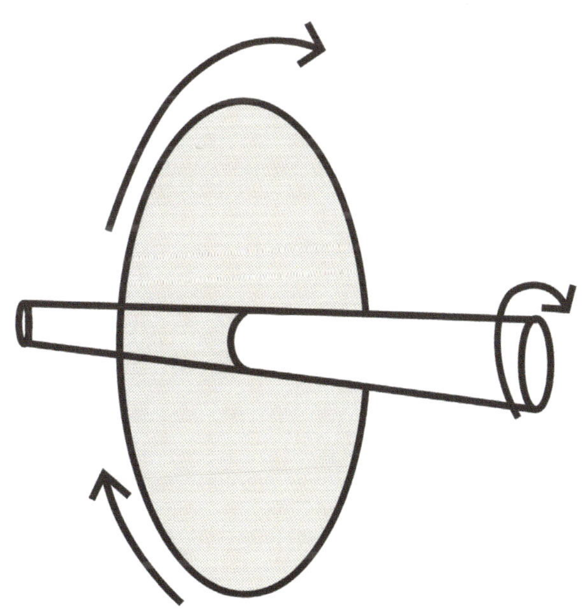

Abdo Kids Junior es una subdivisión de Abdo Kids
abdobooks.com

abdobooks.com

Published by Abdo Kids, a division of ABDO, P.O. Box 398166, Minneapolis, Minnesota 55439.
Copyright © 2026 by Abdo Consulting Group, Inc. International copyrights reserved in all countries.
No part of this book may be reproduced in any form without written permission from the publisher.
Abdo Kids Junior™ is a trademark and logo of Abdo Kids.

Printed in China

052025

092025

THIS BOOK CONTAINS
RECYCLED MATERIALS

Spanish Translator: Maria Puchol

Photo Credits: Getty Images, Shutterstock

Production Contributors: Teddy Borth, Jennie Forsberg, Grace Hansen

Design Contributors: Candice Keimig, Pakou Moua

Library of Congress Control Number: 2024949261

Publisher's Cataloging-in-Publication Data

Names: Murray, Julie, author.

Title: El tosco torno/ by Julie Murray

Other title: The wonderful wheel and axle. Spanish

Description: Minneapolis, Minnesota: Abdo Kids, 2026. | Series: Máquinas simples | Includes online
    resources and index

Identifiers: ISBN 9798384906520 (lib.bdg.) | ISBN 9798384907084 (ebook)

Subjects: LCSH: Simple machines--Juvenile literature. | Wheels--Juvenile literature. | Axles--Juvenile
    literature. | Machinery--Juvenile literature. | Hand tools--Juvenile literature. | Spanish language
    materials--Juvenile literature.

Classification: DDC 621.8--dc23

Contenido

El tosco torno

Los tornos son máquinas simples.

4

rueda
eje

Se usan para mover cosas.

Un torno está compuesto de dos
cilindros, estos cilindros son
una rueda y un eje. Los dos se
mueven en la misma dirección.

9

El **cilindro** de dentro es el eje.

El de fuera es la rueda.

eje
rueda
11

La rueda es más grande que el eje.

rueda
eje
13

La rueda mueve el eje.

15

Cuando se ejerce **fuerza** sobre el eje, la rueda se mueve rápidamente.

fuerza

Cuando se ejerce **fuerza** sobre la rueda, se consigue una fuerza mayor sobre el eje.

fuerza
rueda
eje

Los tornos hacen que sea
más fácil mover cosas.

Tornos por todas partes

cortador de pizzas

molino

sacapuntas manual

taladro

Glosario

cilindro

cuerpo geométrico sólido con forma de basurero.

fuerza

potencia, energía, resistencia física.

Índice

¡Visita nuestra página **abdokids.com** y usa este código para tener acceso a juegos, manualidades, videos y mucho más!

Los recursos de internet están en inglés.